L'Eneide

raccontata da **Evelina Gialloreto**
e illustrata da **Franco Grazioli**

Redazione: Daniela Difrancesco
Progetto grafico e direzione artistica: Nadia Maestri
Grafica al computer e ricerca iconografica: Sara Blasigh

Crediti:
Archivio Cideb; De Agostini Picture Library: 77-86, 94-95.

Prima edizione: aprile 2008

Saremo lieti di ricevere i vostri commenti, eventuali suggerimenti e di fornirvi ulteriori
informazioni che riguardano le nostre pubblicazioni:
redazione@cideb.itI
www.cideb.it

CISQ CISQCERT
TEXTBOOKS AND
TEACHING MATERIALS
The quality of the publisher's
design, production and sales processes has
been certified to the standard of
UNI EN ISO 9001

ISBN 978-88-530-0594-6

Stampato in Italia da Litoprint, Genova

Indice

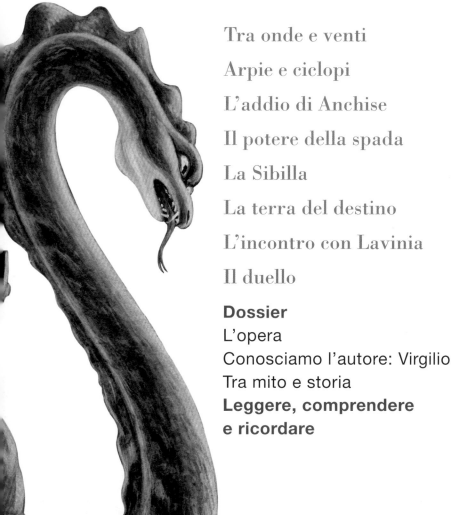

Creusa

Anchise

Lavinia

Didone

Enea

Ascanio

Prefazione

La vicenda di cui si narra è il viaggio di Enea, in fuga da Troia verso l'Italia.

Benché tutto sia stato già scritto dagli dei, nulla è conosciuto dagli uomini, costretti a vagare tra mille difficoltà.

Nel corso del viaggio, più volte i confini del mondo reale verranno superati per carpire[1] sogni, accogliere premonizioni, visitare l'aldilà ed incontrare esseri sovrannaturali.

In questo scenario, a metà strada tra il mondo degli uomini e quello delle creature immortali, si compie il destino di Enea, figlio della dea Venere, chiamato a fondare il grande impero di Roma.

---

1. **carpire** : (qui) cogliere, percepire.

L'Eneide

Un compito difficile, persino per il figlio di una dea, perché non tutti gli dei sono concordi.

Giunone, in particolar modo, ostacolerà l'impresa con ogni mezzo, arrivando a complottare per uccidere Enea, scatenando le forze della natura per rendergli impossibile il compimento della missione.

Perciò, nonostante l'aiuto della madre Venere, che più volte si recherà da Giove ad invocare un intervento in suo favore, Enea rimpiangerà di non essere un comune mortale, lontano dagli intrighi divini, con una vita serena, senza catastrofi o grandi obiettivi.

Vorrebbe essere un semplice uomo, nient'altro, un comunissimo essere, con una vita normale e tranquilla.

Invece si dispererà e crederà di non poter proseguire dinanzi agli ostacoli che troverà lungo il cammino.

Tuttavia, essere il prescelto per un compito importante come la fondazione di Roma porta anche a scoprire risorse inaspettate, che aiuteranno l'eroe nei momenti più difficili.

Fin quando, come predetto, tra incontri inattesi e favori divini, Enea giungerà a compiere il suo destino e riuscirà a fondare un impero potentissimo.

Antefatto

Troia era una magnifica città, posta sulla riva del mare e circondata da mura altissime che impedivano l'ingresso agli ospiti indesiderati.

Nessuno poteva entrare se gli abitanti non volevano.

Era nata, però, una brutta storia: Paride, uno dei principi di Troia, si era innamorato di Elena, la regina di Sparta.

Così, visto che Elena ricambiava il suo amore, Paride l'aveva portata via da Sparta e condotta a Troia.

Elena aveva tradito dunque suo marito Menelao, re di Sparta, che era andato su tutte le furie e aveva comandato all'esercito di attaccare Troia e distruggerla per vendicarsi del terribile affronto subìto.

Siccome Troia, difesa da solide mura, era inespugnabile, dopo dieci anni di battaglie tra Greci e Troiani non si era arrivati ancora ad una conclusione.

I soldati erano stanchi ed i morti si contavano a centinaia.

Così Ulisse, comandante dell'esercito greco ed alleato di Menelao, ebbe un'idea geniale per concludere quella terribile guerra: costruì un enorme cavallo di legno e lo regalò ai Troiani come segno di resa.

Davanti alle porte di Troia lasciò il cavallo e un uomo, Sinone, con il compito di dire che i Greci si erano arresi e che quello era un dono agli dei, affinché li proteggessero durante il viaggio di ritorno in patria.

I Troiani non avrebbero potuto rifiutare il cavallo perché, come dono per gli dei, se fosse andato distrutto avrebbe scatenato la loro ira. Se invece i Troiani lo avessero portato dentro le mura della città, il suo potere divino avrebbe reso Troia ancor più forte.

In realtà, la pancia del cavallo era vuota ed al suo interno si erano nascosti alcuni soldati greci, che di notte escono dal cavallo e, sorprendendo i Troiani nel sonno, mettono a ferro e fuoco la città.

È dunque proprio in quella notte che Enea inizia il viaggio che lo condurrà lontano.

Durante la fuga per mare, però, a causa di una tempesta, lui ed i suoi compagni finiscono sulle coste di Cartagine.

E la storia che qui si narra ha inizio.

L'abbraccio di Didone

Sulla nave c'è silenzio.
Sono tutti intenti ai propri compiti. C'è chi si cura delle le vele, chi pulisce il ponte, chi prepara il pranzo.
Il vento è dolce e costante.
Per la prima volta dopo la fuga da Troia sembra che tutto vada come deve.

Poi, d'improvviso, la brezza diviene un vento impetuoso. Il mare si gonfia e le venti navi che accompagnano Enea vengono strette dalla morsa della tempesta.

Il mare si trasforma in una massa scura, i fulmini squarciano il cielo.

Enea impartisce ordini dal ponte, comanda di ammainare le vele e legare saldamente il timone.

L'abbraccio di **Didone**

Ogni sforzo è vano.

Il mare inghiotte senza pietà una delle navi e sbatte le altre nelle quattro direzioni.

La nave di Enea viene sbattuta su una spiaggia assieme ad altre sette della flotta.

Gli scafi sono girati su un fianco, gli uomini vengono sbalzati a terra ed in mare.

Il cielo scuro tuona minaccioso ed è squarciato da fulmini che sembrano inviati dalla rabbia di Giove, padre di tutti gli dei.

I marinai sono ancora sconvolti quando, con la stessa velocità con cui è giunta, come per magia, la tempesta svanisce ed il cielo ridiviene terso.[1]

Passano pochi secondi prima che la luce dorata del sole esca dall'innaturale oscurità ed illumini nuovamente Enea, che disperato rimpiange di non essere morto a Troia, combattendo.

Ha subìto l'ennesima intrusione da parte degli dei.

Il suo destino di prescelto sembra essere come una partita a scacchi il cui esito è incerto.

Gli dei lo vogliono in azione, poi gli dei lo fermano e lo rimettono in campo a loro piacere.

È come un fantoccio nelle mani di forze che non può contrastare.

E allora, si chiede, non sarebbe stato meglio essere solo un uomo, morire nella notte in cui Troia è stata distrutta,

---

1. **terso** : limpido, sereno.

dimostrando il suo valore?

Rimpiange di aver accettato di seguire il destino che gli dei hanno determinato.

Come soldato, poteva lottare con altri uomini che come lui avrebbero tentato di vincere rischiando la propria vita.

Confrontandosi con queste forze sovrumane, invece, non ha alcuna possibilità: nessun uomo può vincere contro il volere degli dei.

Intanto, sua madre Venere, che non l'ha mai abbandonato, si reca da Giove con il sospetto che la tempesta sia opera di Giunone.

Appena Venere raggiunge l'Olimpo, sede di tutti gli dei, Giove ascolta il racconto della tempesta improvvisa che ha quasi ucciso suo figlio.

La madre di Enea racconta che il cielo si è fatto di piombo in un solo istante e che le onde hanno fatto delle navi ciò che volevano, animate da una forza oscura.

Il padre degli dei si fa pensieroso. In effetti è stata Giunone a chiedere ad Eolo, dio dei venti, di soffiare fino a sconvolgere il mare e far affondare le navi.

Tuttavia Nettuno, re dei mari, non avendo gradito che la tempesta fosse scatenata senza il suo permesso, aveva condotto sette delle venti navi sulla spiaggia di Cartagine.

Venere è preoccupata, chiede a Giove se il destino di Enea è mutato.

Giove la rassicura. Enea è stato destinato a fondare un impero potentissimo e nulla potrà impedirlo.

Questo è stato stabilito e non possono essere i capricci di una dea, per quanto potente, a cambiare un destino che egli

stesso ha voluto.

Intanto, Enea scende in spiaggia e si siede, stanco e abbattuto.

Sta avendo troppe disavventure per un uomo, anche se figlio di una dea.

In poco tempo ha già perso la moglie, la patria e suo padre; è appena stato scaraventato su una spiaggia da una tempesta che l'ha quasi ucciso.

Ha bisogno di qualcosa che lo aiuti, che lo sostenga.

Ed è questo che Venere gli dona.

Lei, la dea protettrice dell'amore, invia un soffio leggero sulla spiaggia dove suo figlio si dispera.

Ad un tratto, mentre Enea se ne sta seduto sulla sabbia, dal limitare della spiaggia giunge un corteo.

Ci sono soldati e musici che circondano una portantina trasportata da quattro servitori; è dorata e contornata di tende di colore rosso acceso.

La musica, i vestiti, tutto fa pensare che nel baldacchino sia trasportata una persona molto importante.

I servitori lo posano a terra.

Enea si alza dinanzi al corteo e, mentre le tende si aprono, guarda con curiosità per vedere chi ne uscirà.

Quando una mano aggraziata scosta il drappo [1] rosso, il viso che compare lascia il Troiano a bocca aperta.

Appartiene ad una donna che si muove con eleganza straordinaria ed è la più bella che Enea abbia mai visto.

---

1. **drappo** : stoffa pregiata.

È Didone, regina di Cartagine.

Sembra quasi che sulla spiaggia non ci siano che loro due.

Gli sguardi che si scambiano sono così intensi da fermare il tempo.

Enea sente che quella donna gli è legata.

Non sa che Venere è intervenuta.

L'Eneide

Non lo sa neanche Didone.

Così entrambi vengono avvolti dalla magia che la dea ha inviato sulla terra.

Poi un componente del corteo si avvicina.

"Sono il cerimoniere del regno" dice, rivolto ad Enea.

"La regina di Cartagine, Didone, domanda chi siete e come mai siete approdati sulle nostre spiagge."

Enea continua a guardare Didone, quindi s'inginocchia per porgerle i suoi omaggi.

"Il mio nome è Enea" dice con voce profonda, che lascia trasparire le forti emozioni che sta provando.

"Vengo da quella che un tempo fu la lontana Troia."

Didone si avvicina e si rattrista sentendo che Enea pronuncia quelle parole con dolore, quasi con disperazione.

Gli occhi ambrati della donna sembrano penetrare il tormento di questo guerriero, i sentimenti profondi che lo animano.

"Chiedo perdono per essere giunto nel vostro regno senza preavviso, ma la tempesta ci ha sorpresi e ha spinto le nostre navi sulla costa."

Enea è ancora in ginocchio mentre pronuncia queste parole, ma Didone gli fa cenno di alzarsi.

"Un nobile Troiano non deve chiedere perdono per essere sopravvissuto ad una tempesta" dice la regina, volgendo lo sguardo verso il cielo. "Non è cosa comune che il cielo si muova a tempesta e ridivenga limpido in così poco tempo." E, così dicendo, fa cenno ad Enea di seguirla. "Enea, sarai ospite nel mio palazzo e mi racconterai delle vostre avventure."

A quelle parole, il corteo riparte seguito da Enea, ancora

incredulo e rapito dall'incantesimo che Venere ha fatto per lui.

Il corteo attraversa la spiaggia e giunge dinanzi alle mura della città.

Non sono come quelle di Troia, ma hanno un fascino intenso, lontano dalle immagini che Enea ha nella memoria.

Il baldacchino oltrepassa le mura, la piazza, le strade.

In un istante Enea vede la città di Cartagine aprirsi dinanzi a lui.

C'è uno strano profumo che addolcisce l'aria.

È l'odore di questa terra.

Il corteo continua a camminare facendosi strada tra la gente.

Enea osserva che gli abiti dei Cartaginesi sono molto diversi da quelli dei Troiani, forse più preziosi, più sfavillanti.

La strada continua in un dedalo [1] di vicoli fin quando, nel mezzo di una vasta piazza, compare il palazzo di Cartagine.

È meraviglioso.

Enea sente una stretta al cuore. Sono anni che non dorme in una vera casa, che non siede ad un tavolo imbandito, [2] che non vede un fuoco ardere nel tempio, che non sente lo sguardo di una regina su di sé.

Troppo tempo, troppi sacrifici, troppe perdite per un solo uomo...

Con questi pensieri, pesanti come macigni, Enea si ferma davanti alle porte del palazzo.

---

1. **dedalo** : labirinto, intrico.
2. **imbandito** : riccamente preparato con cibi e bevande.

È come se a quei pensieri non fosse permesso di superare le mura.

Enea vede oltre l'ingresso una splendida fontana al centro di un giardino rigoglioso.

Didone è già entrata, ma si accorge che Enea non la segue.

Allora si gira e lo guarda intensamente.

Il sole la illumina donando alla pelle dei riflessi dorati.

La regina di Cartagine sorride, come se potesse leggere nell'anima di Enea, come se avesse il potere di cancellare il peso che egli sente sulle spalle.

Enea non resiste ed accetta di lasciare il dolore e la sfiducia fuori delle mura ed entrare nel palazzo.

Così raggiunge Didone ed al suo fianco attraversa il giardino e s'inoltra nel palazzo lungo i corridoi coperti di affreschi.

Ci sono fontane ovunque; l'acqua zampilla fresca gorgogliando nelle sale.

L'aria è colma del profumo delle spezie e degli oli, una musica giunge dal salone principale.

Ad Enea sembra di essere in un sogno. Segue Didone e sorride, dopo tanto tempo.

La regina lo conduce attraverso il palazzo mostrandogli ogni cosa.

Parlano, scherzano.

È sera quando si ritrovano nella grande sala per cenare.

Enea si è fatto il bagno ed ha indossato gli abiti eleganti che la regina gli ha donato.

Anche se ha passato anni difficili, è ancora un bell'uomo, con la pelle abbronzata ed il corpo asciutto da soldato.

Didone è meravigliosa.

Indossa un lungo abito e splendidi gioielli.

L'Eneide

Ha i capelli intrecciati e raccolti dietro la nuca.

Le ancelle indicano ad Enea il suo posto, poi gli versano da bere e cominciano a portare cibo delizioso.

I due cenano con calma, mentre la luce del sole scende lentamente.

I servitori portano carne e verdure, frutta fresca e vino speziato.

Quando la cena è terminata, il buio avvolge l'eroe e la regina con complicità.

Insieme si avvicinano al fuoco; l'aria si è fatta fresca.

È lì che Didone chiede ad Enea di raccontarle del viaggio.

Nel pieno della notte, la voce profonda di Enea rompe il silenzio e le immagini della sua vita prendono forma dinanzi agli occhi della regina di Cartagine.

Ogni cosa si anima e, grazie all'intensità del racconto, il destino del figlio di Venere inizia a dispiegarsi come un drappo dai colori sfavillanti.

Laocoonte

È l'alba.

C'è silenzio sulla spiaggia.

La sabbia è segnata dalle tracce lasciate dagli Achei [1] che hanno spinto il maestoso cavallo dinanzi alle porte di Troia e poi si sono allontanati sulle navi.

Le vedette osservano con attenzione, ma non c'è pericolo.

Così la porta si apre e il cavallo viene portato dentro la città.

Re Priamo in persona scende e osserva il dono degli Achei.

Dunque la guerra è finita, i nemici se ne sono andati.

Ma perché questo dono?

E poi pensa: "Che importa? Basta che tutto sia terminato, che i Greci si siano arresi e che le mura abbiano protetto Troia, ancora una volta."

1. **Achei**: Greci.

L'Eneide

Mentre il popolo sospira e piange lacrime di speranza, dall'alto si sente la voce di Laocoonte, il sacerdote di Nettuno.

"Pazzi! Illusi! Credete davvero che gli Achei abbiano lasciato il campo? O si sono nascosti dentro questo cavallo o lo usano per superare le mura e piombare sulla città dall'alto, o comunque qualche altra insidia si nasconde là dentro."

Laocoonte urla come un forsennato [1] ed infila una lancia nel busto del cavallo, ma il re è lì accanto e gli chiede:

"Che hai, sacerdote?"

"Mio re, questo cavallo non è presagio [2] di pace, ma di morte e sventura."

"Che dici, sacerdote! Sei forse impazzito? Questa guerra è stata una sventura! Dieci anni trascorsi lottando e soffrendo, mentre mille vite andavano perdute. Ho sepolto mio figlio prima che questa guerra finisse."

Priamo abbassa lo sguardo pensando ad Ettore [3] ed alla pira [4] che bruciava le sue spoglie nella notte.

Poi si rivolge di nuovo a Laocoonte.

"Gli Achei hanno preso il mare. Perché dunque uno stupido cavallo di legno dovrebbe significare morte?"

Laocoonte gesticola cercando le parole. "Questo cavallo porterà sventure. Non è un segno di resa, ma un'arma, un inganno. Gli Achei stanno per sferrare il loro colpo mortale; i

---

1. **forsennato** : preso dal furore, come un pazzo.
2. **presagio** : segno che anticipa un evento futuro.
3. **Ettore** : figlio primogenito di Priamo, sposo di Andromaca e padre di Astianatte. Fu uno dei più valorosi difensori della città: assaltò il campo greco, incendiò le navi nemiche, uccise Patroclo, amico fraterno dell'eroe greco Achille, che lo uccise per vendetta.
4. **pira** : catasta di legna utilizzata per eseguire riti funebri.

presagi non mentono."

Così dicendo estrae dalla bisaccia [1] delle conchiglie incise.

Sono quelle con cui chiede risposta agli dei e con cui legge il futuro.

"Guardale re! Guarda che cosa ha detto l'oracolo!" [2] dice allargando la mano e mostrando cinque conchiglie.

Ma Priamo volge lo sguardo altrove.

"Tu sei pazzo sacerdote! Come potrebbe un cavallo di legno essere un'arma?"

A quelle parole, arriva un gruppo di giovani che trascina un uomo sudicio, con i vestiti strappati.

"Chi sei?" urla Priamo.

L'uomo è a testa china, ha le mani legate e non risponde.

Priamo fa cenno ad una guardia di scuoterlo e l'uomo inizia a parlare.

"Il mio nome è Sinone, sono un Acheo, uno di quelli che sino a ieri vi ha combattuto."

"E che fai qui?" domanda Priamo con sdegno.

"Re di Troia, signore di queste terre, invero io sono colui che il Fato [3] destinò al sacrificio." Sinone tace per un istante, come se riportasse alla mente ed al cuore un ricordo terribile.

"La guerra ha sfiancato l'esercito acheo. Da tempo i sopravvissuti volevano partire per far ritorno alle loro case, ma Ulisse non voleva subire l'affronto della sconfitta, così come Menelao.

1. **bisaccia** : sacco con due grosse tasche.
2. **oracolo** : responso dato da una divinità interrogata. Per estensione, la divinità stessa.
3. **Fato** : destino deciso dagli dei.

Allora l'esercito si è ribellato e ha interrogato l'oracolo."

L'uomo si ferma per guardarsi attorno: sono accorsi in molti e la spiaggia è affollata di persone che ascoltano la sua storia.

Sembra che si parli di qualcosa di lontano, come se non si trattasse della guerra che tutti loro hanno vissuto.

"Ciò che gli dei chiesero per permettere alle navi di tornare senza ostacoli in patria fu la vita di un soldato acheo, una vittima che s'offrisse per tutti.

Tutti tremavano domandandosi chi dovesse prepararsi a morire. In un primo momento, Ulisse non parlò.

Fin quando, dopo cinque giorni, a denti stretti, disse il mio nome."

C'è silenzio tra la folla, tutti attendono il seguito del racconto con il fiato sospeso.

"E io, io fuggii perché cara mi è la vita e mai avrei creduto che quei compagni, per cui ero disposto a morire in battaglia, mi avrebbero sacrificato pur di tornare in patria."

I Troiani tacciono ancora, pensosi.

Ognuno s'immedesima nella storia di quell'uomo domandandosi cosa avrebbe fatto trovandosi al suo posto.

Poi Sinone riprende e conclude.

"Questa dunque è la mia storia, re. E se un tempo fui un nemico della tua gente, ora non ho più gente, né patria."

Sinone tace.

Priamo attende qualche istante.

"Se ciò che dici è vero, tu odi gli Achei e quindi sei un nostro alleato. Ma prima che io ti accolga, dimmi, che cos'è questo cavallo? Perché è così grande? Chi lo ha progettato? A

Laocoonte

cosa serve? È una macchina da guerra o un'offerta devota?"

Sinone riflette con calma prima di rispondere alla domanda.

"Per la salvezza che mi hai offerto, ti dirò quanto so.

Questo cavallo è un dono agli dei per placare la loro ira, ma hai ragione, esso nasconde un tranello: se la vostra rabbia contro gli Achei vi porterà a distruggere quest'opera di devozione, l'ira divina ricadrà su di voi.

Se invece vorrete prendervene cura, la benevolenza degli dei scenderà su Troia per sempre."

A quelle parole, Priamo si volta verso Laocoonte.

"Sei soddisfatto ora, sacerdote?"

Laocoonte rimane in silenzio, non potendo provare che quanto i presagi gli hanno indicato sia giusto.

Passano pochi istanti, l'incontro si conclude e, come ad un segnale concordato, la piccola folla si allontana.

Priamo torna al palazzo e la gente si disperde per le strade.

Laocoonte si dirige allora verso il tempio, per offrire un sacrificio a Nettuno, nella speranza che il dio lo aiuti a dimostrare la verità.

Prende un grosso toro e lo immola[1] sull'altare.

Quindi chiama a sé i suoi due figli e urlando corre verso la spiaggia, fino al mare, invocando un segno di Nettuno, il dio a cui ha dedicato la vita.

"Nettuno! Nettuno! Signore delle acque" grida Laocoonte davanti alle onde. "Mostrami un segno! Dai voce al presagio affinché il popolo di Troia veda e sappia!"

---

1. **immolare** : sacrificare.

L'Eneide

Allora, come in risposta ad un richiamo potente, il mare comincia a bollire.

Le acque si muovono dapprima dolcemente e poi, con un boato, si aprono formando un vortice di schiuma.

Dal fondo emergono due enormi serpenti marini che, con le teste alzate e le spire [1] fluttuanti, solcano le onde.

In un primo momento si vedono le enormi creste uscire dalle onde, poi i petti ed infine le code che si agitano sull'acqua. Quando toccano la riva emettono un verso spaventoso.

All'improvviso i mostri marini avvolgono Laocoonte ed i suoi figli, prima di sbranarli.

Non trascorrono che pochi istanti, sufficienti a far dilagare il terrore come un mare scuro.

I Troiani presenti rimangono in silenzio dinanzi alla scena.

Non ci sono parole, c'è solo gelo.

I volti sono pallidi, gli occhi spalancati sull'orrore.

Credono tutti che il messaggio sia: "Guardate bene, questa è la fine che spetta a chi si oppone al dono."

È allora che, abbattuta una porta, con estrema cautela, ancora scossi da quanto hanno visto, alcuni Troiani si mettono in fila e spingono il cavallo all'interno delle mura.

Ormai il maestoso cavallo di legno è al centro della piazza e domina sul popolo di Troia.

Il legno scuro risplende sotto le luci del tramonto.

Il collo dalla curva aggraziata e la testa sfiorano i bastioni.

---

1. **spire** : i giri compiuti dal corpo di un serpente.

 # L'Eneide

I soldati lo guardano e sussultano.

Nessuno sa capire perché, ma quel cavallo ha qualcosa di oscuro.

Laocoonte è stato punito, certo, ma forse nella sua profezia [1] c'era un fondo di verità. Forse il sacerdote aveva ragione.

Priamo, invece, sospira convinto che finalmente l'incubo sia terminato.

"Popolo di Troia!" grida con fervore [2] "Questa notte brinderemo e danzeremo per onorare coloro che non sono più tra noi e che hanno dato la loro vita affinché Troia vivesse."

Un urlo di gioia risponde al re. La piazza è ora nuovamente gremita di gente. Guardano tutti il "dono". Gli sguardi sono sospesi tra la speranza e la disperazione.

Gli occhi dei soldati si muovono inquieti. Questi valorosi guerrieri non sanno se fidarsi del loro re o ascoltare quello strano presentimento che li fa diffidare del cavallo.

Laocoonte, l'unico che ha tentato di opporsi al potere del cavallo, è stato sbranato. Dunque?

Non rimane che confidare nei segni che gli dei hanno mandato.

I Troiani non sanno che il segno inviato da Nettuno è stato travisato [3] e che questa è l'ultima notte di Troia.

Inevitabilmente, l'alba di domani porterà la luce sulle ceneri della loro magnifica città.

---

1. **profezia** : racconto che descrive un evento futuro, che deve ancora avvenire.
2. **fervore** : (qui) forte eccitazione, passione.
3. **travisare** : interpretare in modo sbagliato, fraintendere.

La vittoria del cavallo

È l'ultima notte per Troia, la magnifica città con le mura di granito [1] che sfiorano il cielo.
È una notte stellata, la luna si riflette nel mare.
Il grande cavallo è fermo nella piazza.

In tutta la città non si sente un rumore.

I Troiani hanno brindato e festeggiato la fine di questa guerra durata dieci anni.

Dormono tutti.

Anche Enea dorme a fianco della sua sposa, Creusa.

Tuttavia, mentre l'aria fresca della notte concilia il sonno degli altri Troiani, Enea si sveglia di soprassalto, tutto sudato.

"Che succede?" gli domanda Creusa.

---

1. **granito** : roccia durissima.

L'Eneide

Enea ha gli occhi stravolti e non riesce a parlare.

Allora Creusa lo abbraccia e cerca di rassicurarlo. "La guerra è finita" gli dice "è stato solo un brutto sogno."

In quel momento Enea la guarda dritto negli occhi e le dice: "Ettore, lo spirito di Ettore mi è apparso in sogno. Ha detto che dobbiamo metterci in salvo. Troia presto brucerà come una pira."

Allora Creusa, che conosce bene Enea e sa che non basterebbe un semplice sogno per spaventare un guerriero come lui, capisce che qualcosa di terribile sta per avvenire e che gli dei hanno addirittura permesso ad Ettore di avvisarli dall'aldilà dell'incombente[1] sciagura.

Così si alzano dal letto.

Enea prende la spada per uscire nella notte e svegliare i soldati ma, prima di varcare la porta, raccomanda a Creusa di prendere le statue degli dei Penati e svegliare il piccolo Ascanio.

Creusa non fa domande. Il silenzio pesante che avvolge Troia le sembra un grosso corvo nero.

Si veste in fretta ed entra nella stanzetta di suo figlio Ascanio, che dorme tranquillo.

Lo sveglia, senza farlo spaventare. Lo veste.

Poi apre la porta, piano, senza fare rumore e scivola lungo il corridoio del palazzo, fino alla stanza più interna, dove sono custodite le immagini degli dei Penati. Sono gli antenati, i custodi che vegliano sulla discendenza[2] di ogni famiglia.

---

1. **incombente** : destinata ad avvenire entro breve.
2. **discendenza** : i successori, i nati da una generazione all'altra, ecc.

La vittoria del **cavallo**

Nel frattempo, Enea esce dalla stanza da letto e percorre il lungo corridoio fino alle scale.

Deve camminare parecchio nel buio prima di arrivare dai suoi compagni.

Non appena giunge da loro, però, le urla della piazza rompono il silenzio della notte e tutto avviene in pochissimo tempo.

I soldati Troiani cercano di organizzare la difesa, ma è tutto inutile: gli Achei sono ovunque.

Priamo è stato ucciso, la città è in fiamme.

Dinanzi a quello scenario Enea sente il cuore tremare di dolore.

Vorrebbe punire Elena, causa di tante sciagure.

Proprio in quel momento, la dea Venere, sua madre, risplende nella notte dinanzi a lui, illuminata da una luce magica.

È bella Venere, la più bella tra le dee, con i capelli dolcemente arricciati sulle spalle ed una veste morbida che l'avvolge.

"Guarda, figlio mio!" dice ad Enea "Non è Elena la ragione per cui sangue e lacrime sono stati versati. Anche lei obbedisce al Fato.

Il destino di Troia deve compiersi e con esso il tuo. Torna dalla tua famiglia, salvala!"

Dopo quelle parole, Venere circonda con una luce dorata Enea, per proteggerlo e ricordargli che non è solo, che lei veglia su di lui.

Enea ascolta Venere e raggiunge la sua casa.

Lì Creusa lo aspetta con Ascanio ed il vecchio padre di Enea,

L'Eneide

Anchise: sfinito dagli anni e infermo, rifiuta di abbandonare la patria.

Non sente ragione, mentre le urla ed il fuoco dilagano.

Dice che lui appartiene a Troia e che non la lascerà.

Venere, allora, interviene nuovamente: un'aureola di luce dorata avvolge il capo del piccolo Ascanio.

Poi appare nel cielo di quella notte maledetta una stella che, lasciando una lunga scia, raggiunge i monti boscosi dell'Ida, come per mostrare ai fuggiaschi la via da seguire.

Lì la dea vuole che sia condotto Ascanio, lì è la salvezza.

Dinanzi a questo prodigio, Anchise esplode in lacrime. Capisce che gli dei vogliono per loro la vita e che bisogna assecondare il loro volere.

Così, mentre Troia viene distrutta, Enea comincia a correre attraverso i vicoli, seguito dalla famiglia, per raggiungere le montagne e mettersi in salvo.

Anchise però è vecchio, non riesce a seguirlo. Allora Enea lo carica sulle spalle e gli affida il fagotto in cui sono custoditi gli dei Penati.

E così, con il padre sulle spalle, stringendo la mano del piccolo Ascanio ed aprendo la strada per Creusa, Enea corre, corre a perdifiato, tra la paura e la speranza, cercando di salvare se stesso e la sua famiglia.

Passando tra le fiamme, sente urla spaventose, vede le mura che crollano e soldati che spuntano ovunque.

Poi, quando sono quasi usciti dalla città e la notte li protegge con il suo scuro mantello, Enea si ferma un istante per riprendere fiato.

L'Eneide

Si gira per sorridere a Creusa, ma dietro di lui c'è solo il buio.

Allora, disperato, comincia a chiamarla, prima piano, poi forte, fino ad urlare.

Non riceve risposta.

Torna sui suoi passi, si getta nuovamente tra le fiamme, fin quando, sfinito, si ferma.

Intorno a lui è solo distruzione. Troia arde nella notte.

La disperazione lo cattura.

Quando ormai la fine sembra vicina, leggera come una nuvola, gli appare Creusa.

È uno spirito, non appartiene più al regno dei vivi, ma ha un messaggio per lui, un messaggio che arriva dall'aldilà.

Con voce dolce e serena pronuncia queste parole:

"Enea, mio sposo, tu devi vivere. Anche se io sono morta, tu devi vivere e raggiungere i boschi dell'Ida perché hai un compito ed un destino: raggiungere una nuova terra.

Gli dei Penati, i custodi di tutte le famiglie troiane, ti vogliono là, perché sei il messaggero del popolo di Troia, il prescelto, colui che assieme ad una donna di una terra lontana darà vita ad una nuova stirpe[1] e ad una nuova civiltà.

Sarà una discendenza ricca come un grande mare che accoglierà una moltitudine di gente.

È la tua via: seguila."

Pronunciate queste parole, Creusa scompare, leggera come è arrivata.

Enea china la testa mentre le fiamme divampano alle sue

---

1. **stirpe** : discendenza.

spalle e, tra le lacrime, accetta il destino che gli dei hanno scritto per lui.

Prende per mano Ascanio e ricomincia a fuggire.

Tra onde e venti

Tra i boschi dell'Ida, Enea trova altri sopravvissuti. Lo conoscono tutti ed è quasi scontato che divenga il loro capo.

Così, utilizzando i tronchi degli alberi, costruiscono le navi necessarie per raggiungere la nuova terra.

Gli uomini tagliano ad una ad una le assi di legno, le levigano e le inchiodano per formare lo scafo.

Poi, con abilità, fissano l'albero con la grossa vela centrale; uno per ognuna delle venti navi.

Quando tutto è pronto, i profughi salpano dal porto di Antandro[1] e si augurano che il viaggio sia breve.

Al principio, non sapendo dove sia la nuova terra, si dirigono verso le vicine coste della Tracia.

---

1. **Antandro** : città della Misia, in Asia Minore, ai piedi del monte Ida.

Lì Enea vuole raccogliere qualche pianta per adornare l'altare su cui fare delle offerte agli dei affinché li guidino.

Così scende a terra e si guarda un po' intorno finché non vede un piccolo arbusto di mirto che di sicuro gli dei avrebbero apprezzato.

Lo afferra con entrambe le mani e tira forte, fino a strappare alcuni rami.

Non appena le radici sono nude sotto il sole, dalla pianta comincia a gocciolare del sangue che imbratta[1] il terreno.

Enea è terrorizzato dallo strano fenomeno.

Rimane fermo per un attimo, poi decide di staccare un'altra fronda.

Ma non appena la strappa, il fenomeno si ripete: dalla corteccia scura escono del sangue ed un lamento straziante.

"Povero me, povero me!" urla la voce.

"Chi sei e perché ti lamenti?" domanda Enea, sconvolto all'idea di essere stato lui a causare quel disastro, strappando i rami della pianta.

"Sono Polidoro" è la risposta che arriva dai rami spezzati.

Enea si ricorda di lui e di quando il re Priamo l'aveva affidato alle cure di un altro re: Polimestore.

"Mi ricordo di te e del re a cui fosti affidato" lo rassicura e, a quelle parole, il lamento diventa più acuto, assieme alla pena di Enea.

"Perdonami, non volevo farti alcun male!"

"Non sei tu che mi hai fatto del male" risponde la voce.

"Chi, allora?"

---

1. **imbrattare** : sporcare, macchiare.

A quel punto Polidoro racconta ad Enea di come Polimestore l'abbia ucciso e seppellito in quella terra.

"Sono profondamente addolorato per te" gli dice Enea "e per questa terra ammorbata[1] dalle terribili azioni degli uomini."

Dopo quell'incontro, Enea fugge dalla Tracia, terra in cui da una pianta sono sgorgate il sangue ed il lamento di un morto!

Le venti navi ripartono e fanno vela verso Delo, un'isola dell'arcipelago delle Cicladi, nel mar Egeo.

Lì c'è il tempio di Apollo, dove Enea desidera chiedere all'oracolo un'indicazione sulla rotta da seguire.

Enea entra nel tempio con il cuore pieno di speranza e le sue preghiere vengono esaudite.

Nel silenzio, alla luce tremante del fuoco sacro, l'oracolo gli suggerisce: "Cerca l'antica madre."

Ma l'antica madre non è ancora un posto preciso per Enea perché, come in una caccia al tesoro, ogni indizio deve essere interpretato.

Così torna alla nave con la mente confusa e riferisce il messaggio ai compagni.

Dapprima gli altri rimangono in silenzio. A nessuno viene in mente dove possa essere l'antica madre, finché Anchise, il padre di Enea, dice di pensare che l'espressione possa indicare l'isola di Creta, perché è da lì che la sua gente è partita per fondare Troia.

Le navi riprendono il mare, ma durante il viaggio, una notte, Enea fa uno strano sogno.

---

1. **ammorbata** : infettata, contaminata.

L'Eneide

Un uomo, che indossa un mantello elegante, siede ai piedi del letto di Enea.

Se ne sta nell'ombra, senza parlare.

Enea lo guarda, ma non vuole sapere cosa gli dirà perché dai suoi sogni fino ad ora sono arrivate solo notizie dolorose.

Così si gira dall'altra parte e fa finta di niente.

Passa un po' di tempo, ma l'uomo è ancora lì, immobile.

Allora Enea, ancora avvolto nel sogno, lo guarda fisso.

L'uomo esce dall'ombra e si toglie il cappuccio. È anziano. Enea lo riconosce, è uno degli dei Penati.

"Figlio," dice l'anziano "dove dirigi la vela?"

Enea stringe forte i denti e poi risponde: "Andiamo a Creta, l'antica madre."

L'anziano scuote la testa: "Non è lei." Enea si fa serio e non vuole sentirsi dire che ancora una volta stanno vagando a vuoto tra le onde.

L'uomo lo guarda, poi solleva il braccio.

Le pareti della nave scompaiono e al loro posto appaiono colline verdeggianti, che Enea vede come se stesse volando.

"Questa è l'Italia, l'antica madre." A quelle parole l'uomo scompare, portandosi via il verde rasserenante delle colline.

Enea si sveglia e si mette a sedere.

La nave scricchiola e rulla.[1]

Dal ponte arrivano voci concitate: sta succedendo qualcosa.

Si veste in fretta, ancora stordito dal sonno, e raggiunge i compagni. Il mare è già gonfio.

1. **rullare** : ondeggiare, oscillare.

Tra onde e **venti**

Le onde diventano sempre più alte. I Troiani sono nel mezzo di una tempesta.

Enea cerca la terra, ovunque sia, tra i lampi e l'acqua che spazza il ponte.

La nave è indifesa, sbatacchiata come un fuscello per tutta la notte.

Quando le prime luci dell'alba scacciano la terribile notte, Enea vede che le navi sono state spinte su una spiaggia.

Non sa dove sono né quali danni ha provocato la tempesta, sa soltanto che lui e i suoi compagni sono vivi.

Arpie e ciclopi

La luce dorata dell'alba sembra rassicurare i naufraghi, ma la terra su cui sono approdati non è affatto sicura. Enea avverte che qualcosa di terribile incombe su quel luogo.

Gli altri non comprendono la sua ansia.

Scorgono piuttosto alcuni buoi che vagano liberi, così ne catturano un paio per banchettare.

D'un tratto, mentre stanno festeggiando e mangiando di gusto, da dietro un'altura giungono versi inumani.

I visi di tutti sbiancano e si girano in direzione delle terribili urla.

Come una maledizione mandata dal cielo, scende sul gruppo uno stormo di arpie, mostri dalle ali piumate, dai lunghi artigli, dal viso di donna pallido e vorace.

È un istante.

L'Eneide

I naufraghi fuggono cercando riparo tra gli alberi, mentre le arpie si avventano sul banchetto, afferrando in volo i resti del cibo.

Mentre gli uomini sono al riparo, l'odore nauseabondo delle arpie li raggiunge: puzzano di fetido, di marcio.

I mostri spadroneggiano, [1] fin quando Enea non dà l'ordine di sguainare le spade e di scacciarli.

La battaglia ha inizio.

Le arpie si allontanano volteggiando nel cielo, sopra le loro teste, come avvoltoi affamati.

Alla fine del terribile scontro, Enea scorge in cima ad una rupe un'arpia più grande.

Deve essere colei che comanda lo stormo.

Celeno, questo è il suo nome, tuona dall'alto della rupe lanciando su Enea e sul suo viaggio una terribile maledizione.

Tra le urla ed il terrore, Enea chiama i suoi e fugge, fugge lontano.

Navigano per giorni, sino ad arrivare al promontorio di Azio, dove trovano Eleno, un indovino.

Questi predice ad Enea che il viaggio sarà ancora lungo e pericoloso.

Dovrà aggirare la Sicilia e consultare a Cuma la famosa Sibilla.

Enea riparte per fermarsi un giorno ai piedi dell'Etna, dove giunge con i compagni a notte inoltrata.

Dal mare si vede il fumo uscire dalla cima del vulcano e la

---

1. **spadroneggiare** : comportarsi con arroganza e prepotenza.

luce rossa della lava che sgorga piano piano dalle bocche laterali.

Nonostante il timore che il vulcano incute, i Troiani sbarcano ugualmente e si accampano per dormire.

Il loro sonno è irrequieto, perché ogni tanto il borbottio dell'Etna rompe il silenzio, quasi a ricordare la sua minacciosa potenza.

Alle prime luci dell'alba Enea si desta.

È stanco di questo viaggio che non concede tregua.

Anche se è abituato a viaggi e combattimenti, ha bisogno di un po' di pace. Vuole fermarsi, per riposare un poco.

Mentre pensa al suo destino, spunta dal sentiero un uomo, vestito di stracci, con la barba lunga, simile a un selvaggio.

Enea avvicina lentamente la mano alla spada, ma l'uomo lo rassicura.

"Mi chiamo Achemenide," urla "vengo da Itaca, sono un compagno di Ulisse."

Allora Enea lascia che l'uomo si avvicini.

"Come mai siete arrivati qui?" domanda Achemenide, ed Enea gli racconta del viaggio e della fuga da Troia.

"Dunque anche voi siete sfortunati, come me."

"Perché dici così?"

"Non sai dunque che terra è questa?"

Enea scuote la testa.

"Tu sai che cos'è un ciclope?"[1] A quelle parole, Enea

---

1. **ciclope** : creatura mostruosa, di dimensioni gigantesche, con un solo occhio posto al centro della fronte.

impallidisce e abbassa lentamente il capo in segno di assenso.

"Questo è il regno dei ciclopi. Il loro antro è poco più in là."
Così dicendo gli racconta di Polifemo e di come si era
mangiato diversi suoi compagni prima che Ulisse lo accecasse.

Ad un tratto, mentre Enea ascolta inorridito il racconto di
Achemenide, giunge un rumore assordante, seguito da un
terremoto.

Enea si volta e vede sopraggiungere uno dei ciclopi.

Per un istante rimane immobile, bloccato dal terrore.

Poi si scuote, comincia a correre e ad urlare ai compagni di
svegliarsi e di andare verso le navi.

Inseguiti dal gigante, i Troiani riescono comunque a lasciare
gli ormeggi[1] e spingere la nave in mare.

Il ciclope rallenta la sua corsa ed urla furiosamente dalla
spiaggia, mentre le navi si allontanano.

Si salvano per un soffio.

---

1. **ormeggi** : ciò che serve ad ancorare la nave.

L'addio di Anchise

L e venti navi riprendono il mare.

Il cielo è terso e le vele sono gonfiate da una leggera brezza.

Sembra che finalmente le forze avverse abbiano smesso di tormentare Enea, almeno per un po'.

Gli uomini si danno da fare sul ponte, tirando le corde per sfruttare appieno il vento.

Enea si rilassa per qualche minuto guardando verso l'orizzonte.

"Figlio!" Anchise lo chiama. Enea lascia il timone a uno degli uomini e raggiunge il padre.

Anchise è sdraiato vicino al bordo della nave. Enea gli si siede vicino.

"Figlio," ripete Anchise con voce serena "sono stanco, non è più tempo per me di vagare per questo mondo. È ora che

intraprenda il lungo viaggio verso i Campi Elisi."[1] Enea guarda suo padre e per la prima volta si accorge che molto tempo è passato.

Sette lunghi anni sono trascorsi da quella terribile notte in cui sono fuggiti da Troia.

Anchise, che già allora era anziano, ora, con i capelli bianchissimi, mossi dal vento, sembra più vecchio di qualsiasi altro uomo che Enea abbia mai visto.

Mentre questo pensiero sfiora la mente dell'eroe, un'emozione potente lo invade.

Allora prende con delicatezza la mano del padre. Non ci sono parole. Sono gli occhi a parlare, quegli occhi che lo hanno visto bambino, uomo, guerriero ed ora prescelto dagli dei.

Sono occhi stanchi, che hanno bisogno di pace e di quiete.

Enea prende Anchise tra le braccia e lo culla, come farebbe una madre con il proprio bambino.

La luce del sole li illumina mentre Anchise si addormenta tra le braccia di suo figlio, avviandosi al grande viaggio.

In quell'istante, Venere li avvolge con il suo divino amore.

Le navi fanno un'altra sosta in Sicilia, a Drepano.

Lì viene eretto un sepolcro per Anchise, affinché sia visibile il luogo ove riposa.

È fatto di semplici rocce levigate dal mare, ai piedi di un albero dalle larghe fronde.

---

1. **Campi Elisi** : nel mondo classico, paradiso, luogo ultraterreno dove regna la pace.

Enea chiede ai suoi compagni di lasciarlo solo per qualche istante prima di riprendere il mare.

Gli uomini si dirigono verso le navi ed Enea si rivolge agli dei Penati, che suo padre amava tanto.

"So che adesso è con tutti voi, abbiatene cura, accompagnatelo nel viaggio verso i Campi Elisi."

Poi alza gli occhi verso il cielo e sospira.

Quando risale a bordo, gli uomini lasciano gli ormeggi ed il viaggio riprende.

Tutto sembra finalmente essere propizio al viaggio: c'è il sole ed il vento soffia nella giusta direzione.

I Troiani non sanno che una terribile tempesta scatenata da Giunone sta per colpirli.

Il racconto di Enea è terminato.

Sono passati molti giorni dalla notte in cui ha iniziato a narrare delle sue disavventure.

La regina ha ricambiato il racconto di quelle avventure narrando al capo Troiano i dolori della sua vita.

Enea si è innamorato di Didone dal primo istante e non pensa più al destino, alla terra promessa ed al volere degli dei. Didone, il cui sposo era stato ucciso da un fratello crudele e assetato di potere, sente di potersi fidare e di poter ricambiare pienamente l'amore di quest'uomo.

Giove però non può permettere che questo avvenga.

Un destino è scritto e deve essere compiuto.

Il Fato è volere degli dei. Enea, seppur figlio di Venere, non può sottrarsi al dovere.

Il potere della spada

Il padre degli dei invia il suo messaggero da Enea per ricordargli il suo compito.

Il dio alato vola su Cartagine.

Non appena Enea lo vede, capisce che i giorni vissuti con Didone stanno per terminare.

Attende che Mercurio gli vada vicino e gli porti il messaggio di Giove.

"Sono qui per rammentarti[1] che, se non lascerai Cartagine, il tuo dovere verso il mondo non sarà compiuto.

Nessun altro può dare vita alla nuova stirpe.

Il danno che ne deriverà colpirà molte generazioni e l'impero destinato a durare nei secoli non avrà mai vita."

Alle parole del dio, Enea china il capo, consapevole che la

1. **rammentare** : ricordare.

sua felicità avrebbe causato la sventura di molti.

Tenta di trovare una ragione da opporre al volere di Giove, ma l'amore di Didone non basta a fermarlo.

Così, pur con un pesante senso di colpa sul cuore, furtivo [1] come un ladro, organizza la partenza.

Il pensiero di lasciare Didone non gli dà pace.

La notte si rigira inquieto nel letto e di giorno sfugge gli sguardi della regina.

Questo strano comportamento fa capire a Didone che Enea sta per lasciarla.

Allora, da donna innamorata e non più come regina, lo prega, lo scongiura di restare, gli ricorda il suo amore, le ore felici trascorse insieme...

Enea, di fronte a tanta disperazione, non può fare nulla: il Fato ha deciso per lui.

I giorni passano finché giunge il momento di allontanarsi per sempre.

Enea sguscia dal letto e, trattenendo il respiro, si avvia verso la spiaggia.

Didone se ne accorge e lo segue incamminandosi sull'altura che domina la costa.

Da quella cima vede le vele spiegarsi e le navi partire, dirette a Cuma.

Enea ha scelto di fare il volere di Giove, il padre degli dei. Didone, al confronto di una missione così importante, è solo una donna con il cuore spezzato.

Perciò, non appena le navi si allontanano all'orizzonte,

---

1. **furtivo** : con la cautela di chi fa qualcosa di nascosto.

disperata, la regina impugna una spada e pone fine alla sua vita. In breve tempo tutta la reggia si riempie di grida disperate e di pianti.

La Sibilla

Enea ha ormai ripreso il viaggio.

L'ombra di Didone gli pesa sull'anima, ma la scelta è compiuta.

Il vento soffia nella giusta direzione e i Troiani giungono serenamente a Cuma, in Italia, dalla Sibilla: costei è la profetessa di Apollo, una veggente che saprà prevedere il futuro dell'eroe e dei suoi compagni.

Alla vista della costa, Enea comanda che vengano buttati gli ormeggi ed ammainate le vele.

La costa è montuosa, perciò è meglio arrivare a terra con una piccola imbarcazione.

Gli uomini stanno per seguirlo, ma Enea li ferma.

"Devo andare da solo" dice, con lo sguardo corrucciato.[1]

---

1. **corrucciato** : molto preoccupato.

La **Sibilla**

Non sa cosa lo aspetta.

La Sibilla, si racconta, è vecchia di settecento anni.

È conosciuta ovunque per i suoi oracoli. Enea ha paura di quello che dirà, ma non può tornare indietro.

Così guarda verso la grotta posta sulla cima di una montagna, spinge i remi in acqua e, arrivato ai piedi della salita, lascia la barca e si arrampica sotto il sole.

Quando arriva davanti all'ingresso dell'antro, nota che a terra ci sono degli strani simboli e che l'albero alla sua sinistra sembra possedere un potere sovrannaturale.

Enea si aspetta che gli parli o che d'improvviso si muova.

Ma l'albero si limita ad ondeggiare dolcemente, mosso dal vento, ed Enea respira quell'aria fresca che profuma di mare.

Attende qualche istante, per riprendere fiato.

Quindi guarda nel buio della grotta ed entra.

Non compie che due passi, quando una voce potente lo blocca: "Come osi entrare senza chiedere permesso?"

Enea rimane di pietra. I suoi occhi non si sono ancora abituati al buio: è cieco, non vede a chi appartiene la voce.

Trema un po' mentre s'inginocchia. "Sia perdonato quest'uomo che è giunto da lontano per chiedere l'aiuto della grande Sibilla!" dice, cercando di vedere nel buio.

"Gli stenti e le prove mi hanno fatto dimenticare le buone maniere."

La voce non risponde. Enea rimane fermo.

Adesso che si sta abituando al buio, comincia a scorgere la grande volta della grotta.

In fondo a tanta oscurità brilla una piccola luce.

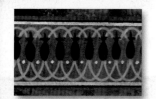

L'Eneide

"Chi ti ha detto della Sibilla?" domanda la voce.

Enea respira a fondo prima di rispondere. "Chi non conosce la Sibilla? Chi non sa del grande potere che possiede?"

Parla con voce profonda ed aspetta, per vedere se le lusinghe[1] hanno qualche effetto.

"Non è con la lusinga che otterrai i miei favori. Dimmi piuttosto chi sei e perché sei qui!"

La risposta è preceduta da un breve silenzio.

"Mi chiamo Enea e vengo da Troia" dice, alzandosi da terra. Le parole rimbombano nella grotta e per qualche istante sembra che non le abbia udite nessuno.

Poi il tenue bagliore si accende come un fuoco fatuo;[2] una luce azzurra illumina la grotta e rende visibile una donna seduta su una roccia.

È scalza ed ha i capelli scuri e lunghi.

"Vieni avanti, Enea. Ti stavo aspettando."

E come prima la voce aveva il potere di bloccarlo, ora quelle parole attraggono il guerriero verso l'interno.

Enea entra nella grotta. La volta è altissima e lui non è che un piccolo, piccolissimo uomo.

La Sibilla lo guarda dall'alto del trono di roccia.

Nei suoi occhi insondabili[3] c'è qualcosa che nessun altro essere umano possiede e che la rende diversa, lontana.

Quando la Sibilla si alza e scende verso di lui, il guerriero

---

1. **lusinghe** : complimenti ed elogi, spesso pronunciati per ottenere qualcosa.
2. **fuoco fatuo** : fiammella azzurrognola conseguenza di un fenomeno naturale.
3. **insondabili** : indecifrabili, impenetrabili, misteriosi.

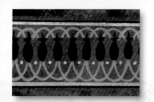

L'Eneide

e la veggente sono uno di fronte all'altra.

La sacerdotessa è piccola, Enea è alto, muscoloso, ma negli occhi ha lo sguardo di un bambino spaventato, mentre gli occhi della Sibilla hanno la luce di un potere antico, che sa ingannare la morte.

Quegli occhi sanno già ciò che attende Enea.

La terra del destino

L a Sibilla sorride ad Enea e lo prende per mano. Non appena lei gli sfiora le dita, come per magia, Enea si addormenta ed entra in un sogno straordinario.

La grotta è la stessa, ma sul fondo si trova un accesso che prima non c'era. Enea guarda la Sibilla e lei mormora: "Sì, è la porta dell'Averno, il regno degli spiriti." Enea sente un brivido attraversargli la schiena, ma la mano della Sibilla stringe la sua e calma la paura. Lei è a suo agio in quei luoghi che nessun altro può visitare se è ancora in vita.

Enea pensa che tutto sia possibile e si rende conto che quello che era iniziato come un viaggio per mare è in realtà anche un riflesso della sua vita, dei suoi ricordi, di ciò che lo ha reso l'uomo che è.

Mentre questi pensieri affollano la sua mente, una nebbia magica lo avvolge.

L'Eneide

Ci sono molti spiriti in quella nebbia e si muovono, inquieti.

Enea cammina guidato dalla Sibilla, finché scorge in lontananza l'immagine di Didone, la bella e triste regina.

Il cuore gli sobbalza nel petto, cerca di chiamarla, di parlarle, ma Didone è lontana, parte di quel mondo in cui lui è solo un ospite, per poco tempo.

Enea è come paralizzato. Vedere allontanare in silenzio la donna che lo ha amato lo affligge, ma la Sibilla lo conforta. "Un giorno," gli dice "quando non apparterrete più a mondi diversi, potrai parlarle nuovamente e ricompensarla per il dolore che le hai causato."

Enea sente in quelle parole il sapore della speranza e riprende ad avanzare tra le nebbie avvicinandosi ai Campi Elisi, dove le anime dei beati danzano e cantano. Lì tutto è bellissimo, ci sono prati verdeggianti, sole, caldo e gioia.

Enea si sente subito rinvigorito. Cammina con la Sibilla, che lo conduce dinanzi allo spirito di Anchise.

Non appena vede il padre, l'eroe scoppia in lacrime. Sembra quasi uno degli dei, con la tunica bianca ed il viso radioso. [1]

Sembra che il tempo si fermi. Spariscono il viaggio, la fatica, i tormenti... tutto è lontano.

Sono momenti di sospensione, nei quali il dolore scompare, scivolando come acqua tra le mani.

Enea per tre volte tenta di abbracciare il genitore, ma invano: tre volte gli sfugge dalle mani, simile ad un'ombra o ad un sogno.

---

1. **radioso** : luminoso, splendente.

L'Eneide

Poi Anchise, guardando Enea negli occhi, gli indica alcuni giovani, forti e vigorosi, e donne bellissime. "Tutti loro attendono di arrivare tra i vivi. Sono le anime della tua discendenza, di coloro che creeranno il grande impero di cui sarai il fondatore. Siine fiero, figlio mio, così come io sono fiero di te!" A quelle parole, Enea sente il peso delle fatiche scivolargli via dalle spalle come un mantello consumato.

È come se la forza che viene dal futuro lo ripagasse di tutto ciò che ha patito nel passato.

Ad un tratto, la Sibilla gli riprende la mano ed Enea si sveglia.

Il viaggio nell'oltretomba è finito, quello verso la terra del destino sta per concludersi.

Ora sa che le fatiche, i dolori suoi e dei suoi cari hanno un senso, una giustificazione. Adesso è pienamente consapevole del valore della sua missione.

Così ascolta le indicazioni della Sibilla e poi riparte.

Salpa da Cuma e giunge, finalmente, sulle coste del Lazio, vicino alla foce del Tevere.

Le navi risalgono il corso dell'ampio fiume sin quando giungono tra verdi pascoli e boschi rigogliosi.

Enea sbarca. Appena tocca il suolo, sente che questa è la terra promessa, questo è il luogo che lui ed i suoi compagni tanto hanno cercato e che ora, dopo tante fatiche, li accoglie.

La meta è stata raggiunta.

Questo è il luogo su cui verrà fondato il grande impero e avrà inizio la discendenza che Anchise gli ha mostrato.

Ogni cosa è al suo posto.

Il resto può attendere.

L'incontro con Lavinia

Appena sbarcati, Enea ed i suoi uomini incontrano alcuni pastori a cui chiedono notizie. Sono persone semplici e gentili, sudditi del re Latino, signore di quelle terre. Quando vedono Enea s'inchinano, come se fosse giunto un altro re. Così Enea domanda il perché di tanta venerazione e gli uomini rispondono che, senza dubbio, egli è l'uomo della profezia, colui a cui la principessa Lavinia è destinata.

Enea rimane molto colpito da queste affermazioni e vuole saperne di più, ma i pastori non hanno altre informazioni e indicano ad Enea la strada per raggiungere il palazzo del re.

Non appena Enea lo raggiunge è nuovamente accolto con grande gioia.

Il re Latino arriva nel salone dove Enea è stato portato e ora lo attende.

L'Eneide

Racconta ad Enea che un potente oracolo ha predetto che, un giorno, un nobile uomo venuto dal mare e sua figlia Lavinia avrebbero dato origine ad una stirpe che avrebbe regnato sul mondo.

La profezia diceva anche che quell'uomo avrebbe portato la guerra, ma tutto ciò rientrava nel disegno degli dei.

Poco dopo, quando Lavinia entra nella sala, Enea capisce che è la donna di cui Creusa gli aveva parlato, colei da cui sarebbe discesa la stirpe gloriosa.

Non è come Didone, bella e triste.

Lavinia è fiera, come un guerriero, e benché sia già promessa in sposa a Turno, re dei Rutuli, guarda intensamente Enea negli occhi. Non parla, ma Enea sa da quell'istante che lei lo ha scelto come suo re.

Il duello

Nello sguardo di Lavinia Enea ha visto la forza del destino.

Ha amato moltissimo sia Creusa che Didone, ma nessuna di loro gli aveva trasmesso tutta la forza che lo ha colpito nell'istante in cui lo sguardo della principessa ha incrociato il suo.

Così, pur sapendo che Turno, il principe a cui Lavinia è promessa, non la lascerà senza combattere, Enea la chiede in sposa.

Re Latino acconsente felice e la profezia si compie.

A quel punto Turno, come previsto, ricevuta la notizia, scatena i Rutuli contro Enea ed i suoi uomini.

L'esercito dei Latini affianca i Troiani e assieme rispondono

all'attacco. La lotta è furibonda, ci sono perdite da entrambe le parti.

L'armata di Turno è numerosa. Giunone in persona la sostiene affinché distrugga Enea per impedirgli di compiere il suo destino.

Allora Venere, preoccupata, si reca da Giove per domandargli se qualcosa è cambiato e se Enea non ha più il favore degli dei, ma lui la rassicura e le concede per il figlio un'armatura del dio Vulcano.

Venere raggiunge Vulcano nella sua fucina. [1]

Ci sono fiamme e lava ovunque e la temperatura è altissima.

Molti ciclopi sono al lavoro, ma di Vulcano neanche l'ombra.

"Cosa cerca la bella Venere tra le fiamme?"

La voce cavernosa [2] di Vulcano la raggiunge da dietro un enorme calderone.

Venere segue il suono fino a raggiungere il dio fabbro.

"Vulcano, sono qui per Enea, mio figlio. Giove mi ha concesso una delle tue straordinarie armature" gli dice sorridendo.

"Se Giove ha così disposto, sono ai tuoi ordini."

Così dicendo prende un enorme paio di pinze ed estrae un pezzo di metallo incandescente dal calderone.

---

1. **fucina** : (qui) officina.
2. **cavernosa** : profonda.

L'Eneide

Poi chiama uno dei ciclopi che, afferrata una grossa mazza, inizia a battere sul metallo infuocato per forgiare [1] un'armatura degna di un dio.

Così, mentre Enea si reca presso l'accampamento etrusco in cerca di alleati, gli appare Venere con in mano l'armatura prodigiosa che il dio Vulcano ha fatto forgiare dai ciclopi, gli enormi fabbri, espressamente per lui.

1. **forgiare** : lavorare il metallo ad altissime temperature.

Il duello

Enea indossa la corazza lucente, poi guarda lo straordinario scudo.

In rilievo, bordate di rosso, ci sono le immagini della futura storia di Roma, dell'impero che nascerà.

Enea abbraccia sua madre e la ringrazia per il magnifico dono. La saluta e ordina agli uomini di avanzare.

Gli scontri proseguono, ma le forze si equivalgono. Nessuno vince e molti cadono in battaglia.

L'Eneide

Per mettere fine a questa situazione, Enea propone a Turno un duello tra loro due: chi vincerà avrà vinto per tutti.

Turno accetta.

La notte prima del duello sembra interminabile.

Negli accampamenti le guardie sorvegliano il sonno dei guerrieri delle due fazioni.

I fuochi sono accesi, c'è una leggera brezza.

Il verso di una civetta raggiunge l'accampamento di Enea. Nelle tende i soldati si rigirano sulle brande cercando di dormire, ma solo pochi ci riescono.

Sono giunti alla fine.

Enea è da solo.

Non dorme, è inquieto.

Guarda il cielo, forse alla ricerca di un presagio.

Poi, d'un tratto, avviene qualcosa di strano.

Sembra che il tempo torni indietro e lui si ritrovi a Troia, in quella terribile notte in cui tutto ha avuto inizio.

Sente le urla e vede le fiamme che incendiano la città.

Per un solo, terribile istante, è tutto vero, ma subito Enea si scuote e si stropiccia gli occhi.

L'accampamento riappare sotto il cielo stellato e silenzioso.

Un'intera vita separa quella notte da questa, anche se alla mente di Enea tornano tutte le avventure vissute: il racconto straziante di Polidoro, l'urlo inumano delle arpie, la terribile corsa dei ciclopi ed il brontolio del vulcano.

Poi ripensa a Didone, allo sguardo della Sibilla ed ai Campi Elisi in cui ha rivisto suo padre.

In quella notte lontana è iniziato un viaggio straordinario che lo ha condotto sin qui, nella terra promessa.

Il duello

Poi Enea si addormenta e, ancora una volta, dai suoi sogni arrivano notizie.

Enea è sulla riva di un fiume, ha i capelli grigi.

È passato tanto tempo. È il re di questa terra.

Assieme a lui c'è Lavinia, fiera e bellissima.

È divenuta la sua regina. Ci sono anche i loro figli, la stirpe che gli dei Penati hanno protetto.

La gente li ama perché sono i custodi del popolo e la loro forza e saggezza sono al servizio di coloro che abitano qui.

Il destino si è compiuto, gli dei Penati hanno raggiunto la loro terra, la stirpe gloriosa è ormai una realtà.

Il sogno si conclude alle prime luci dell'alba, quando Enea si sveglia. I soldati lo attendono con trepidazione.[1]

Hanno formato un grande cerchio per dargli forza, prima della battaglia.

Enea li saluta, con calma.

Ha il viso rilassato, come se non fosse diretto ad un terribile duello.

I soldati lo guardano e non capiscono.

Enea sorride, sereno.

Il sogno della notte gli ha anticipato l'esito dello scontro.

Così si ferma al centro del cerchio ed inizia a parlare.

"Questa notte un sogno mi ha annunciato il futuro. Lo sapete tutti: in questi anni di viaggi e peripezie, molti sogni mi hanno guidato fino a qui.

Forse è a quei sogni che devo la vita, o forse soltanto al

---

1. **trepidazione** : con impazienza, con ansia.

volere degli dei che ci hanno aiutato quando ne avevamo veramente bisogno.

Non so dirlo.

Di sicuro siamo ancora vivi e pronti a compiere il nostro destino, fino in fondo."

Così dicendo, alza la spada e li guarda negli occhi, poi lancia un urlo ed un coro gli risponde.

Inizia il duello.

I due eserciti sono schierati su di una vasta pianura.

Turno è pronto ad incontrare Enea.

Dentro di sé, sente che il Troiano vincerà, ma nonostante questo affronta la sfida con coraggio.

Enea arriva indossando la formidabile armatura.

I due guerrieri si salutano con rispetto, sapendo che uno dei due non vedrà l'alba del giorno dopo.

Poi impugnano le spade e la battaglia comincia.

Enea para alcuni colpi, poi passa all'attacco.

Il rumore delle armi risuona in tutta la pianura.

Dapprima Turno ferisce Enea ad una coscia, poi questi gli colpisce un braccio.

Entrambi cominciano ad ansimare per la fatica.

Ma non si arrendono.

La lotta continua, senza sosta.

I soldati assistono al combattimento incitando l'uno e l'altro.

Poi Turno cade.

La spada di Enea pone fine allo scontro, colpendo Turno per l'ultima volta.

L'Eneide

I soldati del suo esercito urlano di gioia, ma Enea rimane silenzioso.

Ha rispetto per Turno, che ha avuto il coraggio di sfidare il prescelto degli dei, nonostante non avesse speranza.

Chiama alcuni dei soldati e chiede loro di prendere il corpo dell'avversario affinché gli siano resi i dovuti onori.

Poi si toglie elmo e scudo e li affida ai suoi.

Si dirige verso il palazzo dove l'attende Lavinia.

Lei è lì.

Enea l'abbraccia.

Rimangono uniti, nella luce del pomeriggio.

Finalmente vivranno in pace.

Da quell'istante ha inizio l'impero di Roma.

Enea non ha paura.

È pronto a vivere fino a che l'immagine del suo ultimo sogno non diventerà realtà.

Enea è anziano, ma amato e sereno, in una terra ricca e prosperosa.

L'opera

L'Eneide fu scritta da Virgilio tra il 29 e il 19 a.C. e narra la leggendaria storia del principe troiano Enea che, in fuga dopo la caduta della città, arrivò in Italia e fondò quello che sarebbe poi diventato l'impero romano. Il poema è composto da dodici libri: nei primi sei si racconta il viaggio di Enea da Troia all'Italia, mentre nella seconda parte si racconta della guerra che, giunto in Italia,

Addio di Venere ad Enea (1757), Gian Battista Tiepolo, villa Valmarana, Vicenza.

Miniatura da un manoscritto dell'*Eneide* (XV sec.).

l'eroe dovette combattere contro i Latini. Da questa suddivisione si capisce chiaramente come Virgilio abbia voluto richiamarsi ad Omero: l'argomento dei primi sei capitoli ricorda, infatti, le peregrinazioni di Ulisse nell'*Odissea*, mentre la seconda parte del libro richiama il tema principale dell'*Iliade*. Virgilio scrisse l'*Eneide* con due obiettivi principali: da un lato, intendeva infatti creare un poema nazionale all'altezza dei poemi omerici, dall'altro voleva glorificare l'imperatore Ottaviano Augusto attribuendo ai suoi antenati un'origine divina.

Negli anni in cui venne composta l'*Eneide* a Roma si stavano verificando importanti cambiamenti politici e sociali. Infatti, dopo una fase molto turbolenta, segnata dalla guerra civile e dalla fine della Repubblica, sotto Augusto i Romani stavano nuovamente attraversando un periodo di pace e tranquillità. In queste circostanze, l'imperatore mirava a rafforzare la stabilità ritrovata attraverso la riscoperta e la celebrazione dei valori morali tradizionali. Il poema di

Enea fugge mentre Troia brucia (1598), Federico Barocci,
Galleria Borghese, Roma.

Virgilio rispecchia fedelmente gli obiettivi politici e culturali di Augusto, attribuendo ad Enea l'antica virtù della *pietas*, che aveva da sempre un'importanza fondamentale per ogni onesto romano. Con *pietas* si intendeva la devozione nei confronti di tutti gli obblighi morali, da quelli religiosi a quelli verso la patria, i compagni e la famiglia. È proprio attraverso questa virtù che Enea arriverà ad accettare il destino che gli dei hanno disegnato per lui e che lo porterà alla fondazione di Roma.

Comprensione

▲ Rispondi alle seguenti domande.

1 In che periodo fu composta l'*Eneide*?

....

....

2 Che struttura ha l'opera?

....

....

3 Da che cosa si capisce che il modello di Virgilio era Omero?

....

....

4 Come descriveresti il momento storico in cui fu composto il poema?

....

....

5 Che cos'è la *pietas*?

....

....

Conosciamo l'autore: Virgilio

Publio Virgilio Marone è considerato il più grande poeta di Roma e dell'impero. Nacque nei pressi di Mantova nel 70 a.C. e morì a Brindisi nel 19. d.C. Compì i suoi studi di retorica e grammatica a Cremona, Milano e Roma e successivamente si recò a Napoli per dedicarsi alla filosofia.

La prima opera di Virgilio, le *Egloghe* o *Bucoliche*, è del 37 e consiste in una raccolta di canti pastorali ispirati al poeta greco del III secolo a.C. Teocrito. Fu con quest'opera, scritta quando ancora si trovava a Napoli, che Virgilio richiamò l'attenzione di Mecenate (fondatore di un importante circolo letterario) e dell'imperatore Augusto, che da

Mosaico del IV sec. d. C. raffigurante Virgilio tra Clio e Melopomene, Tunisi, Museo Nazionale del Bardo.

allora lo accolsero sotto la loro protezione, consentendogli anche grazie al loro appoggio di diventare il più importante poeta dell'epoca.

Successivamente, tra il 36 e il 29, Virgilio compose le *Georgiche*, un poema sull'agricoltura che celebra i valori della civiltà contadina su cui si era fondata la grandezza di Roma.

L'opera più importante di Virgilio resta comunque l'*Eneide*, opera alla quale fu sollecitato dallo stesso imperatore. Nel 19 d.C. Virgilio intraprese un viaggio verso la Grecia e l'Asia Minore, dove intendeva recarsi per conoscere i luoghi descritti nel poema. Tuttavia, ad Atene incontrò Augusto, che rientrava dall'Oriente e che, viste le sue difficili condizioni di salute, lo convinse a rientrare in Italia. Durante il viaggio il poeta si aggravò e, poco dopo lo sbarco a Brindisi, si spense e fu sepolto a Napoli. Si narra che, poco prima di morire, Virgilio abbia chiesto di distruggere il poema (ancora incompiuto e privo di revisione), ma che esso fu poi pubblicato per volere di Augusto.

Comprensione

1 **Rispondi alle seguenti domande.**

1 Quali sono le principali opere di Virgilio e di cosa trattano?
....

2 Chi protesse e appoggiò Virgilio, favorendo la sua affermazione come poeta?
....

3 Perché Virgilio decise di recarsi in Grecia ed in Asia Minore?
....

4 In quali circostanze morì il grande poeta latino?
....

5 Cosa accadde all'*Eneide* dopo la morte del suo autore?
....

Tra mito e storia

La scoperta dei resti della città di Troia avvenne ad opera del grande archeologo tedesco Heinrich Schliemann. A differenza degli altri studiosi, Schliemann considerava i testi di Omero come una fonte attendibile su cui basarsi per ritrovare le tracce di Troia. Nel 1872 egli portò alla luce, in Anatolia, armi, oggetti domestici, vasi e i resti di ben otto città costruite una sulle rovine dell'altra e risalenti a varie epoche, la più antica delle quali corrisponde al 300 a.C. Nella stessa zona furono rinvenuti anche i segni di distruzione provocati da un incendio che, dopo la morte

Heinrich Schliemann

dell'archeologo, altri studiosi collegarono con sicurezza alla guerra di Troia descritta da Omero.

Il luogo della scoperta individuato da Schliemann si trova su un'altura chiamata Hissarlik, posta a circa cinque chilometri dal mare, proprio come la leggendaria città di cui parla Omero. Nel corso degli scavi l'archeologo portò alla luce anche un'enorme quantità di gioielli d'oro, argento e bronzo che egli definì "il tesoro di Priamo". Riteneva infatti che si trattasse degli ori nascosti dal re prima che la città venisse distrutta.

Rovine dell'antica città di Troia.

Tomba di Atreo, Micene.

Seguendo lo stesso metodo che lo aveva portato alla scoperta delle rovine di Troia – basandosi cioè sulle indicazioni fornite dagli autori antichi – qualche tempo dopo Schliemann compì una spedizione nella Pianura di Argo, in Grecia, dove fece un'altra importante scoperta. Qui individuò infatti l'agorà (cioè la piazza dove avvenivano le assemblee) dell'antica città di Micene e sette tombe che, in base ai gioielli e agli ornamenti che contenevano, furono attribuite ai membri di una famiglia reale, gli Atridi. L'oggetto più celebre tra quelli rinvenuti durante la spedizione di Micene è senza dubbio la cosiddetta "maschera di Agamennone", che l'archeologo erroneamente attribuì all'eroe greco di cui Omero parla nell'*Iliade*.

Schliemann morì a Napoli nel 1890, proprio mentre era in attesa dell'autorizzazione per compiere nuovi scavi.

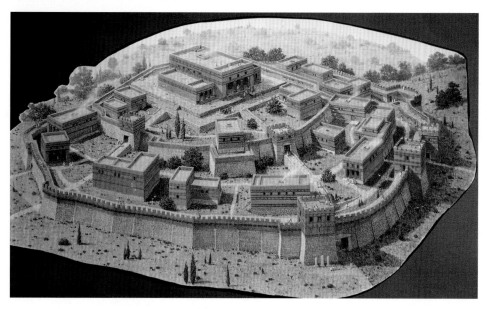

Ricostruzione dell'antica città di Troia.

Comprensione

1 **Indica se le seguenti affermazioni sono vere o false.**

		V	F
1	Ai tempi di Schliemann, gli archeologi si basavano sui testi letterari per cominciare le loro ricerche.	☐	☐
2	La prima importante spedizione dell'archeologo tedesco ebbe come destinazione la Grecia.	☐	☐
3	Le rovine di Troia furono trovate in Turchia.	☐	☐
4	Le tracce di un incendio rinvenute durante gli scavi furono attribuite ad una città diversa da Troia.	☐	☐
5	Il tesoro di Priamo consisteva in una grande quantità di gioielli.	☐	☐
6	Schliemann portò alla luce anche le rovine di Micene.	☐	☐
7	Durante la sua carriera, l'archeologo modificò il proprio metodo d'indagine.	☐	☐
8	Al momento della morte, Schliemann aveva completato tutte le sue ricerche.	☐	☐

LEGGERE, COMPRENDERE E RICORDARE

1 Metti nell'ordine cronologico giusto le seguenti frasi riferite alle vicende di Enea. Ricorda che nel libro, ad un certo punto, l'eroe si ferma per raccontare – attraverso un *flashback* – le vicende <u>precedenti</u> l'arrivo a Cartagine. Attento a non fare confusione!

1   Enea seppellisce suo padre presso Drepano, in Sicilia.

2   Re Latino accoglie benevolmente Enea e i suoi compagni.

3   Enea visita l'antro della Sibilla a Cuma.

4   Enea si ferma in Tracia e lì trova Polidoro, trasformato in mirto dopo la morte.

5   Le arpie si avventano sul banchetto dei Troiani.

6   Venere va da Giove per lamentarsi della tempesta che ha quasi ucciso Enea.

7   Turno cade in battaglia, ucciso da Enea.

8   I Troiani, diretti verso l'Italia, si fermano ai piedi dell'Etna, dove rischiano di essere catturati da un ciclope.

9   Enea ed i suoi compagni sbarcano nel Lazio.

10   Enea incontra Didone sulla spiaggia di Cartagine.

11   Laocoonte e i suoi figli vengono catturati e sbranati da un mostro marino.

12   Enea fugge da Troia in fiamme.

2 Indica l'alternativa corretta.

1   Enea è

    a ☐ il re di Troia.

    b ☐ il figlio della dea Venere e di Anchise.

    c ☐ un guerriero greco passato dalla parte dei Troiani.

2   Creusa è

    a ☐ la sposa di Enea.

    b ☐ una dea che protegge i Troiani.

    c ☐ una veggente.

3 Enea è il padre

a ☐ di Lavinia.

b ☐ di Polidoro.

c ☐ di Ascanio.

4 I Penati sono

a ☐ un gruppo di guerrieri.

b ☐ dei mostri giganteschi.

c ☐ i protettori della casa e della famiglia.

5 Giunone non vuole

a ☐ che Enea compia il suo destino.

b ☐ che Troia venga distrutta.

c ☐ che Anchise lasci la sua terra.

6 Le arpie sono

a ☐ dei serpenti marini.

b ☐ delle dee malvagie.

c ☐ dei mostri mezzo donne e mezzo uccelli.

7 I ciclopi sono

a ☐ dei giganti con un occhio solo.

b ☐ gli alleati dei Greci nella lotta contro i Troiani.

c ☐ gli spiriti dell'oltretomba.

8 I Campi Elisi sono

a ☐ un bellissimo luogo in un'isola del Mediterraneo.

b ☐ un luogo di beatitudine dell'aldilà.

c ☐ i giardini che circondano l'Olimpo.

9 Quando Enea incontra Didone

a ☐ viene condotto alla reggia.

b ☐ viene attaccato dai Cartaginesi.

c ☐ viene imprigionato.

10 La Sibilla

    a ☐ vede nel futuro.

    b ☐ vive in un grotta sottomarina.

    c ☐ è una famosa guerriera di Cuma.

11 Lavinia

    a ☐ si rifiuta di sposare Enea.

    b ☐ dimostra subito il suo favore per Enea.

    c ☐ è innamorata del re dei Rutuli.

3 **Attribuisci tre aggettivi a ciascuno dei seguenti personaggi, basandoti su quanto hai letto nel testo. Poi scegli il personaggio che ti ha colpito maggiormente e prova a spiegare per iscritto perché.**

1 Enea   ....

2 Creusa   ....

3 Anchise   ....

4 Venere   ....

5 Celeno   ....

6 Didone   ....

7 Sibilla   ....

8 Lavinia   ....

4 **Completa le seguenti frasi. Poi confronta le tue risposte con quelle di un compagno. Chi ha fatto meno errori?**

1 .... è il re di Troia.

2 .... aveva delle mura altissime.

3 .... è la madre di Enea.

4 .... non vuole lasciare Troia.

5 .... scatena la tempesta sulle navi di Enea.

6 Venere dona ad Enea ....

7 .... vuole sposare Lavinia.

8 .... accompagna Enea nel regno dei morti.

9 .... comanda lo stormo di arpie.

10 Nell'officina di .... lavorano i ciclopi.

5 Spiega a quale tappa del viaggio di Enea si riferiscono i simboli indicati sulla cartina, provando a ricostruire tutto il percorso nell'ordine giusto. Fai un breve riassunto scritto.

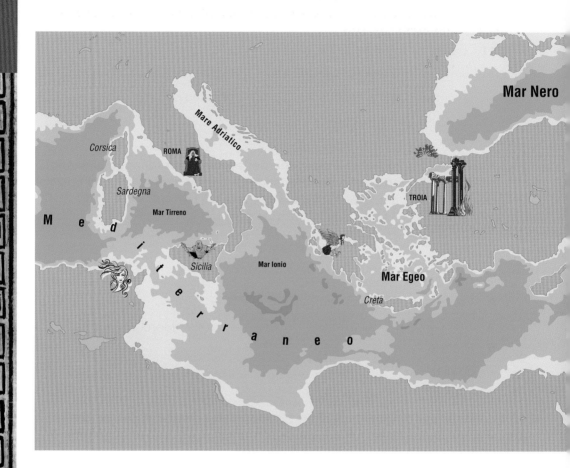

....

....

....

....

....

....

....

6 Se nella seguente lista ci sono parole che non conosci, cercane il significato sul dizionario. Poi collega ogni parola ad uno dei nomi elencati di seguito. Ricorda che ad uno stesso nome in alcuni casi si può collegare più di una parola.

Se non riesci a terminare l'esercizio, puoi aiutarti con le informazioni contenute nell'esercizio 7.

1 portantina

....

2 elmo

....

3 monili

....

4 tunica

....

5 antro

....

6 armatura

....

7 verga

....

8 otre

....

9 tridente

....

10 carro

....

11 fucina

....

12 scudo

....

Vulcano   Didone   Enea   Eolo   Mercurio

Nettuno   Sibilla

7 Ecco un riepilogo dei nomi e delle funzioni degli dei citati all'interno dell'*Eneide* e di altre divinità importanti presso i Romani. Prova a trovare per ciascuno il corrispondente greco. Poi scegli una divinità e fai una breve ricerca su un mito di cui è protagonista ed esponila ai compagni.

1   **Diana:** dea della caccia e della luna, amante dei boschi e della solitudine. Era una delle più importanti divinità romane.

    ....

2   **Eolo:** dio dei venti, che custodiva nelle caverne e dentro un otre a Lipari, sulle isole Eolie, dove aveva la sua reggia.

    ....

3   **Giove:** re degli dei e marito di Giunone.

    ....

4   **Giunone:** in quanto sposa di Giove, era considerata la regina degli dei. Veniva venerata come protettrice dello stato romano, del matrimonio e del parto. A lei era dedicato il mese di giugno, a cui diede il nome.

    ....

5   **Marte:** figlio di Giunone e Giove, dio della guerra, della primavera e dell'agricoltura. Era considerato il padre di Romolo e Remo, che fondarono Roma. Da lui prendono il nome il pianeta Marte, il giorno della settimana martedì e il mese di marzo.

    ....

6   **Mercurio:** figlio di Giove e messaggero degli dei. Portava una verga d'oro con serpenti intrecciati e ali ai piedi. Era il dio del commercio e dei viaggi e veniva considerato propiziatore della fortuna e della ricchezza.

    ....

7   **Minerva:** figlia di Giove, dalla cui testa sarebbe nata, secondo la leggenda, già adulta e armata di tutto punto. Dea della saggezza, della riflessione e della guerra, ma anche protettrice della medicina, della poesia e delle arti.

    ....

8 **Nettuno:** in origine era il dio delle acque correnti e successivamente fu identificato con il dio del mare. Secondo la mitologia comandava mostri marini e tempeste. Viene spesso rappresentato su un carro trainato da mostri marini e con un tridente in mano. Ebbe numerosi figli, tra cui il ciclope Polifemo.

....

9 **Plutone:** fratello di Giove e di Nettuno, con i quali riuscì a spodestare il padre Saturno. Quando i tre si divisero il mondo, Giove scelse la terra e i cieli, Nettuno le acque e Plutone il mondo sotterraneo, dove regnava sulle ombre dei morti. In origine era ritenuto un dio fiero ed inflessibile, ma fu anche considerato il dispensatore dei beni nascosti della terra, come minerali e messi.

....

10 **Venere:** dea dell'amore, figlia di Giove e della ninfa Dione. Dalla sua unione con Anchise sarebbe nato Enea.

....

11 **Vulcano:** dio del fuoco. Era particolarmente venerato a Ostia, centro del suo culto.

....

Il Concilio degli dei (1819-1825), Luigi Sabatelli, Palazzo Pitti, Firenze.

NOTE